Autos de carreras

Los drágsters

por Bizzy Harris

Bullfrog
en español

Ideas para padres y maestros

Bullfrog Books permite a los niños practicar la lectura de textos informativos desde el nivel principiante. Las repeticiones, palabras conocidas y descripciones en las imágenes ayudan a los lectores principiantes.

Antes de leer

- Hablen acerca de las fotografías. ¿Qué representan para ellos?
- Consulten juntos el glosario de las fotografías. Lean las palabras y hablen de ellas.

Durante la lectura

- Hojeen el libro y observen las fotografías. Deje que el niño haga preguntas. Muestre las descripciones en las imágenes.
- Léale el libro al niño o deje que él o ella lo lea independientemente.

Después de leer

- Anime al niño para que piense más. Pregúntele: Los drágsters son largos y delgados. ¿Cómo crees que su forma les ayuda a ser más rápidos?

Bullfrog Books are published by Jump!
5357 Penn Avenue South
Minneapolis, MN 55419
www.jumplibrary.com

Library of Congress Cataloging-in-Publication Data

Names: Harris, Bizzy, author.
Title: Los drágsters / por Bizzy Harris.
Other titles: Dragsters. Spanish.
Description: Minneapolis, MN: Jump!, Inc., [2023]
Series: Autos de carreras
Translation of: Dragsters. | Audience: Ages 5–8.
Identifiers: LCCN 2021062004 (print)
LCCN 2021062005 (ebook)
ISBN 9781636909691 (hardcover)
ISBN 9781636909707 (paperback)
ISBN 9781636909714 (ebook)
Subjects: LCSH: Dragsters—Juvenile literature.
Drag racing—Juvenile literature.
Classification: LCC TL236.2 .H3618 2023 (print)
LCC TL236.2 (ebook)
DDC 629.228—dc23/eng/20220114

Editor: Eliza Leahy
Designer: Emma Bersie
Translator: Annette Granat

Photo Credits: Raytags/Dreamstime, cover, 1, 4, 5; Al Mueller/Shutterstock, 3; Phillip Rubino/Shutterstock, 6–7, 10–11, 13, 22, 23br; Matt Woods/Alamy, 8–9, 23tl; ZUMA/Alamy, 12, 20–21; John Leyba/Getty, 14–15, 23bl; Yevgen Rychko/Dreamstime, 16; Allan Clegg/Dreamstime, 17; Leo Mason/Popperfoto/Getty, 18–19, 23tr; Andrew Norris/Dreamstime, 24.

Printed in the United States of America at Corporate Graphics in North Mankato, Minnesota.

Tabla de contenido

Bajos y rápidos

¿Cuál auto de carreras es largo y delgado?

¡Es el drágster!

Está a poca altura del suelo.

llanta
SIMPSON
K&N
FILTERS
RACING
CONTRACTORS

Las llantas traseras son grandes.

Las llantas delanteras son pequeñas.

Los alerones mantienen el auto estable.

PLUGS SPARK PLUG
alerón
alerón

funny car
BANDIMERE SPEEDWAY
BANDIMERE SPEEDWAY

El funny car es un tipo de drágster.

Es bajo y ancho.

El conductor usa un casco.

El auto tiene una jaula de seguridad.

Esta protege al conductor en un accidente.

Dos autos se ponen en fila.

Van a competir en una pista de drágsters.

pista de drágsters
BANDIMERE SPEEDWAY
MOPAR
pepsi
AQUAFINA
ODYSSEY

Las luces
se ponen verdes.

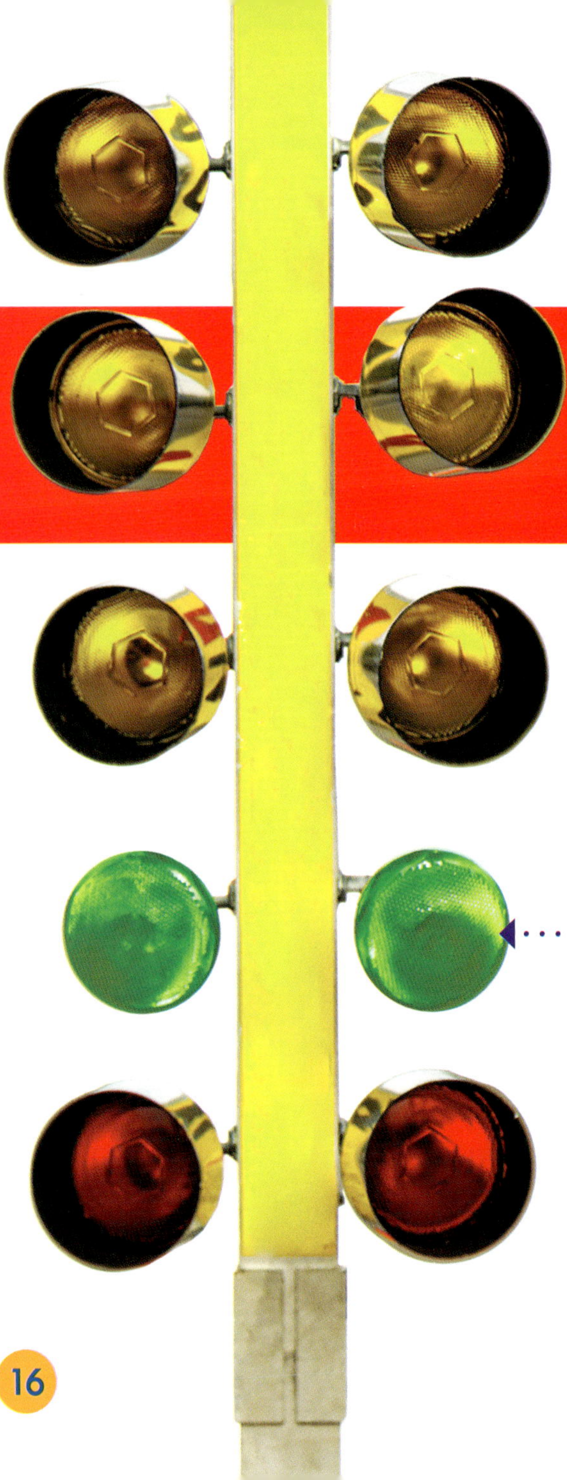

¡La carrera empieza!

La carrera es rápida.

Solamente dura cuatro segundos.

Un paracaídas ayuda a que cada auto pare.

paracaídas

ZMAX
FRAM
LUCAS
OIL PRODUCTS
MAVTV
MYRTLE BEACH
AL-ANABI
Racing
AL-ANABI
Racing

Cuatro autos participan en esta carrera.

¿Te gustaría ver una carrera de drágsters?

Las partes de un drágster

La velocidad máxima de un drágster es de 335 millas (539 kilómetros) por hora. ¡Échales un vistazo a sus partes!

Glosario de fotografías

estable
Fijo y que no se puede mover fácilmente.

paracaídas
Un pedazo de tela atado a cuerdas que se extiende para reducir la velocidad de lo que se le ate.

pista de drágsters
Una pista de pavimento en donde compiten los drágsters.

protege
Guarda o mantiene algo a salvo de daño o herida.

Índice

Para aprender más

Aprender más es tan fácil como contar de 1 a 3.

1. Visita www.factsurfer.com
2. Escribe "losdrágsters" en la caja de búsqueda.
3. Elige tu libro para ver una lista de sitios web.